WITHDRAWN

ÍCONOS
★ ★ ★
AMERICANOS

La Bandera Americana

Aaron Carr

SPANISH & ENGLISH eBOOKS
AV2 BY WEIGL™
ADDED VALUE • AUDIO VISUAL

www.av2books.com

SPANISH & ENGLISH eBOOKS

AV²
BY WEIGL™

ADDED VALUE • AUDIO VISUAL

Visita nuestro sitio **www.av2books.com**
e ingresa el código único del libro.
Go to www.av2books.com, and enter this
book's unique code.

CÓDIGO DEL LIBRO
BOOK CODE

J312881

AV² de Weigl te ofrece enriquecidos libros
electrónicos que favorecen el aprendizaje activo.
AV² by Weigl brings you media enhanced books that
support active learning.

El enriquecido libro electrónico AV² te ofrece una experiencia bilingüe completa entre el inglés y el español para aprender el vocabulario de los dos idiomas.

This AV² media enhanced book gives you a fully bilingual experience between English and Spanish to learn the vocabulary of both languages.

Spanish

English

Navegación bilingüe AV²
AV² Bilingual Navigation

CHANGE LANGUAGE ENGLISH SPANISH
OPCIÓN DE IDIOMA
LANGUAGE TOGGLE

BACK NEXT
CAMBIAR LA PÁGINA
PAGE TURNING

X **CERRAR**
CLOSE

INICIO
HOME

VISTA PRELIMINAR
PAGE PREVIEW

Copyright ©2015 AV² de Weigl. Library of Congress Cataloging-in-Publication Data se encuentra en la página 24.
Copyright ©2015 AV² by Weigl. Library of Congress Cataloging-in-Publication Data is located on page 24.

CONTENIDO

3

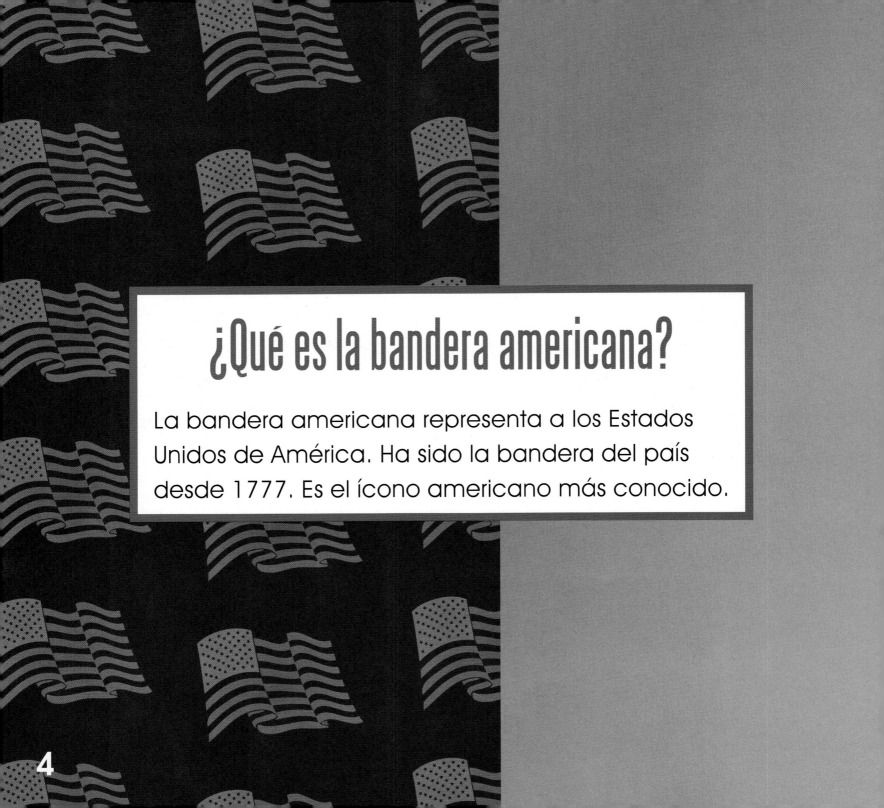

¿Qué es la bandera americana?

La bandera americana representa a los Estados Unidos de América. Ha sido la bandera del país desde 1777. Es el ícono americano más conocido.

Un símbolo nacional

Estados Unidos tuvo que luchar por su libertad de Gran Bretaña. La bandera se convirtió en un símbolo de los Estados Unidos y su libertad.

La primera bandera

La bandera americana ha pasado por muchos cambios. La primera bandera tenía solamente 13 estrellas. Hoy en día, hay 50 estrellas en la bandera.

Contando los estados

La primera bandera tenía una estrella y una barra por cada estado de la Unión. Se agregaron más estrellas cuando los nuevos estados se unieron al país.

Eligiendo los colores

La bandera americana es roja, blanca y azul. Cada uno de estos colores tiene un significado especial.

13

El código de la bandera

Hay reglas acerca de cómo tratar a la bandera. Estas reglas se denominan el "código de la bandera". El código dice que una bandera que ondea en la noche debe tener una luz que la ilumine.

Bandera tachonada de estrellas

La bandera americana a veces se le llama "Star Spangled Banner" (Bandera tachonada de estrellas). Este es el nombre de un poema escrito hace casi 200 años atrás. Este poema luego se convirtió en el himno nacional de los Estados Unidos.

El juramento

Muchos americanos sienten orgullo al ver la bandera. Pueden decir un juramento para mostrar el amor a su país. Esto se llama "Juramento a la bandera".

La bandera americana en la actualidad

En la actualidad, la bandera americana tiene 50 estrellas y 13 barras. Hay siete barras rojas y seis blancas. Las estrellas tienen cada una cinco puntas.

DATOS DE LA BANDERA AMERICANA

Estas páginas proveen información detallada que amplía los datos interesantes que se encuentran en el libro. Estas páginas están destinadas a ser utilizadas por adultos para ayudar a los jóvenes lectores con sus conocimientos de cada símbolo nacional presentado en la serie "Íconos Americanos".

Páginas 4–5

¿Qué es la bandera americana? La primera bandera americana oficial fue aprobada por el Congreso el 14 de junio de 1777. Desde entonces, la bandera se ha convertido en el símbolo más conocido del país. En los últimos 200 años, el número de estrellas y barras de la bandera ha cambiado, pero el diseño básico sigue siendo el mismo.

Páginas 6–7

Un símbolo nacional. En los primeros años de su historia, Estados Unidos ha tenido que defender su libertad en dos guerras, la Revolución Estadounidense y la Guerra de 1812. Ambas guerras se lucharon contra Gran Bretaña. Durante este tiempo la bandera se convirtió en un símbolo de independencia de Gran Bretaña y la libertad para todas las personas.

Páginas 8–9

La primera bandera. La primera bandera americana oficial tenía 13 estrellas y 13 barras que representaban a los 13 primeros estados que formaron el país. No había reglas en cuanto a la distribución de las estrellas en la bandera. Esto dio lugar a que se hicieran versiones de la bandera con filas de estrellas y otras con las estrellas formando un círculo. La bandera con las estrellas en círculo se llama la bandera de Betsy Ross, pero en realidad fue diseñada por el Congresista Francis Hopkinson.

Páginas 10–11

Contando los estados. En 1795, se agregaron dos estrellas y barras a la bandera cuando Kentucky y Vermont se unieron a la Unión. La bandera de 15 barras fue la oficial hasta 1818, cuando el Congreso decidió que la adición de una nueva barra por cada estado no sería práctico. Se decidió que la bandera tendría 13 barras y que solamente se agregaría una estrella por cada nuevo estado que se sumara a la Unión. Cada estrella de la bandera representa un estado del país.

Páginas 12–13

Eligiendo los colores. Cuando se creó la bandera, los colores no tenían un significado específico. Años después, cuando Charles Thomson presentó el Gran Sello de los Estados Unidos al Congreso, propuso significados para los colores. Thomson sugirió que el blanco representaría pureza e inocencia, el rojo valor y resistencia y el azul vigilancia, justicia y perseverancia. Estos significados también se han asociado a la bandera.

Páginas 14–15

El código de la bandera. El código de la bandera de Estados Unidos describe muchas reglas para el cuidado y trato de la bandera americana. Estas reglas son leyes federales. Las reglas indican que la bandera nunca debe ser arriada ni inclinada ante ninguna persona o cosa; la bandera no debe ser utilizada como vestimenta y no debe tocar el piso.

Páginas 16–17

Star Spangled Banner (Bandera tachonada de estrellas). El 13 de septiembre de 1814 Francis Scott Key presenció el ataque Británico al Fuerte McHenry en Baltimore, Maryland. La mañana siguiente notó que la bandera americana seguía izada por encima del fuerte. Esto inspiró a Key a escribir un poema que llamó "The Star Spangled Banner" (Bandera tachonada de estrellas), que luego se convirtió en el himno nacional de Estados Unidos.

Páginas 18–19

El juramento. El juramento a la bandera es una declaración de lealtad a los Estados Unidos. Suele ser recitado por jóvenes estudiantes y funcionarios del gobierno. El juramento fue escrito por primera vez por Francis Bellamy. En 1892 fue enviado a todas las escuelas del país. Las palabras del juramento han cambiado a lo largo de los años, pero se ha mantenido igual desde 1954.

Páginas 20–21

La bandera americana en la actualidad. El cambio más reciente de la bandera americana ha sido el 4 de julio de 1960, cuando se agregó Hawai'i como el estado número 50. La bandera se ha mantenido sin cambios desde ese momento. Las 50 estrellas están dispuestas en filas que alternan entre cinco y seis estrellas por línea. Desde 1777 hasta el día de hoy, se han realizado 27 versiones de la bandera americana.

¡Visita www.av2books.com para disfrutar de tu libro interactivo de inglés y español!

Check out www.av2books.com for your interactive English and Spanish ebook!

1 **Entra en www.av2books.com**
Go to www.av2books.com

2 **Ingresa tu código**
Enter book code

J312881

3 **¡Alimenta tu imaginación en línea!**
Fuel your imagination online!

www.av2books.com

Published by AV² by Weigl
350 5th Avenue, 59th Floor New York, NY 10118
Website: www.av2books.com   www.weigl.com

Copyright ©2015 AV² by Weigl
All rights reserved. No part of this publication may be reproduced, stored in a retrieval system, or transmitted in any form or by any means, electronic, mechanical, photocopying, recording, or otherwise, without the prior written permission of Weigl Publishers Inc.

Library of Congress Control Number: 2014932712

ISBN 978-1-4896-2024-8 (hardcover)
ISBN 978-1-4896-2025-5 (single-user eBook)
ISBN 978-1-4896-2026-2 (multi-user eBook)

Printed in the United States of America in North Mankato, Minnesota
1 2 3 4 5 6 7 8 9 0 18 17 16 15 14

032014
WEP280314

Project Coordinator: Jared Siemens
Spanish Editor: Translation Cloud LLC
Designer: Mandy Christiansen

Every reasonable effort has been made to trace ownership and to obtain permission to reprint copyright material. The publishers would be pleased to have any errors or omissions brought to their attention so that they may be corrected in subsequent printings.

Weigl acknowledges Getty Images as the primary image supplier for this title.